This Notebook Belongs To

____

www.ingramcontent.com/pod-product-compliance
Lightning Source LLC
LaVergne TN
LVHW081540060526
838200LV00048B/2157
* 9 7 8 1 0 7 0 9 9 2 7 6 1 *